Couvertures supérieure et inférieure
manquantes.

LA FÊTE DE CHATEAU-DU-LOIR

—

Les fêtes de la sainte Eglise ne ressemblent point aux fêtes du monde : elles apportent au cœur des émotions plus douces, et ne laissent jamais de regrets. Leur souvenir est plein de suaves pensées et de précieuses conséquences pour la pratique de la vie.

La petite ville de Château-du-Loir vient de voir dans son sein une de ces fêtes vraiment chrétiennes ; elle est heureuse elle-même d'avoir compris cette vérité : c'est une preuve que la foi possède encore dans le cœur d'un grand nombre de ses habitants de profondes et solides racines.

Ce fut le mardi 8 octobre, que fut célébrée la solennité d'actions de grâces, ordonnée par Monseigneur l'Évêque du Mans, à l'occasion du martyre de Mgr Siméon-François Berneux, missionnaire en Corée, évêque *in partibus* de Capse, né à Château-du-Loir.

Depuis longtemps déjà, les fidèles de la paroisse s'occupaient activement, d'après la pieuse

impulsion du vénérable doyen et sous la sage
et habile direction d'artistes expérimentés, de la
décoration de l'église et des rues de la ville.
Aussi, disons-le tout de suite, les résultats ont
démontré d'une manière irréfragable le zèle, l'ardeur autant que l'habileté des travailleurs. Mal-
heureusement, le mauvais état de l'atmosphère
n'a pas permis aux étrangers d'admirer un grand
nombre de véritables chefs-d'œuvre d'ornementation préparés les uns à grands frais, et les autres par un travail persévérant et pieusement
opiniâtre. La bonne Providence nous ménage
ainsi toujours des épreuves au milieu des joies de
la vie, afin de nous faire ressouvenir sans doute
que les joies parfaites ne se trouveront qu'au ciel.

La veille, toutes les cloches de l'église parois-
siale et des communautés de la ville avaient annoncé par une sonnerie d'une demi-heure la
grande solennité du lendemain. Le même caril-
lon joyeux recommença, le jour de la fête, dès
cinq heures du matin. La pluie vint contrarier
un instant la procession qui devait se faire du
clergé et des autorités civiles, sous la présidence
de Monseigneur du Mans, se rendant à l'entrée
de la ville, afin de recevoir Monseigneur le Métropolitain. Néanmoins, cette partie de la cérémonie put s'effectuer sans trop de difficulté et
avec une admirable régularité.

La grand'messe fut célébrée pontificalement, à dix heures, par Mgr GUIBERT, archevêque de Tours. Les chants furent exécutés avec un ensemble parfait par un chœur de séminaristes et les enfants de la psallette de la cathédrale.

Dix autres prélats assistaient à la cérémonie. C'étaient :

Mgr GAUTHIER, évêque d'Emmaüs, vicaire apostolique du Tong-King méridional ;

Mgr ANGEBAULT, évêque d'Angers ;

Mgr WICART, évêque de Laval ;

Mgr CHARBONNAUX, évêque de Jassen, vicaire apostolique du Mayssour ;

Mgr LANGUILLAT, évêque de Sergiopolis, vicaire apostolique de Nankin ;

Mgr DE LA BOUILLERIE, évêque de Carcassonne ;

Mgr JEANCARD, évêque de Cérame, ancien auxiliaire de Mgr de Mazenod, évêque de Marseille ;

Mgr GRANDIN, évêque de Satala, coadjuteur de Mgr Tascher, évêque de Saint-Boniface ;

Mgr DUFAL, évêque de Dacca, supérieur général de la congrégation de Notre-Dame de Sainte-Croix ;

Le révérendissime Père dom GUÉRANGER, abbé de Solesmes.

Plus de quatre cents prêtres, venus du diocèse

du Mans et des diocèses voisins, parmi lesquels
M. Delpech, supérieur du séminaire des Missions étrangères, accompagné de M. l'abbé Perny,
provicaire apostolique au Sut-Chuen oriental, et
M. l'abbé Dan-Folay, Irlandais, condisciple de
Mgr Berneux et chanoine de Cork, avaient trouvé
place dans le chœur, tandis que la nef était rem-
plie d'une foule pressée de fidèles.

Nous ne voulons pas oublier de constater que
presque tous les prêtres qui ont suivi avec le
saint martyr les cours de théologie au grand
séminaire du Mans, avaient tenu à honneur de
donner par leur présence un témoignage de
vénération pour celui qui fut jadis leur confrère
et qui aujourd'hui est leur protecteur dans le ciel.

Le vénérable chapitre du Mans avait délégué
deux de ses membres pour le représenter à cette
touchante fête.

Parmi les fidèles on distinguait, non sans une
vive émotion, la sœur, le beau-frère et la nièce
du saint évêque, placés au premier rang de la
nef, M. le Préfet de la Sarthe, M. le Sous-Préfet
de Saint-Calais, M. le marquis de Talhouët, député, M. le Maire de la ville, M. Lelong, ancien
député, plusieurs membres du Conseil général
du département, M. le baron Henri de la Bouillerie, élève de Mgr Berneux, etc., etc. Nous ne
voulons pas non plus omettre de signaler le géné-

roux et actif concours de MM. les Administrateurs
et Employés de la Compagnie du chemin de fer
d'Orléans, dont la gracieuse complaisance a été
au-dessus de tout éloge. L'excellent inspecteur,
dont tout le monde connaît la foi vive, M. Clouet,
figurait lui-même au nombre des personnages
de distinction que nous venons de nommer.

Le *Te Deum*, chanté alternativement par le
chœur des chantres et toutes les voix du clergé,
a été d'un effet ravissant.

Après la messe, Monseigneur l'Evêque de Carcassonne est monté en chaire, et durant trois
quarts d'heure il a tenu, captivé sous l'éloquence
et l'émotion de sa parole, son immense auditoire.
Voici le texte de ce magnifique discours ; mais on
comprendra qu'il est impossible de rendre la
noblesse du débit, la grâce de l'action, la distinction du langage et l'émotion de l'illustre orateur.

Pilatus ei dixit : Ergò rex es tu ? Respondit
Jésus : Tu dicis, quia rex sum ego, ego in hoc
natus in mundum, ut testimonium perhibeam
veritati.   · (JEAN, XVIII, 82.)

Pilate dit à Jésus: Est-ce donc que tu es roi ?
Jésus lui répondit : Tu le dis toi-même, je suis
roi, je suis né, je suis venu en ce monde pour
rendre témoignage à la vérité.

MESSEIGNEURS, MES FRÈRES,

Si je choisis ce texte de l'évangéliste saint Jean lorsque
je viens aujourd'hui vous entretenir de votre illustre

compatriote Mgr Siméon-François Berneux, évêque de Capse et vicaire apostolique de Corée, c'est que je découvre en ce texte toute une suite de pensées qui vont me guider dans mon discours.

Et d'abord j'y reconnais clairement que Jésus-Christ est roi : *Rex sum ego.* Mais pourquoi Jésus-Christ est-il roi? C'est qu'il est venu, dit-il, apporter la vérité au monde. Et comment l'a-t-il apportée?... En l'enseignant par sa parole et en lui rendant témoignage par ses souffrances et par sa mort : *In hoc natus sum et ad hoc veni in mundum, ut testimonium perhibeam veritati.*

Ainsi la vérité qu'il prêche et à laquelle il rend témoignage, c'est le titre de sa royauté.

L'Eglise et Jésus-Christ ne font qu'un, avec cette différence que c'est Jésus-Christ qui a fondé l'œuvre, et que l'Eglise a reçu la mission de la maintenir et de la développer. Quelle est l'œuvre que Jésus-Christ a fondée? La royauté de la vérité. C'est elle aussi que l'Eglise devra maintenir et qu'elle devra étendre. Comment Jésus-Christ a-t-il fondé l'œuvre? Par sa parole et par sa mort, et de même l'Eglise devra la maintenir et l'étendre par la parole et par le martyre.

Vous dire, mes frères, comment depuis dix-huit siècles l'Eglise, par la parole en effet et par le martyre, a su réaliser les pensées de son divin Epoux, ce ne serait plus vous faire un discours mais un livre. Bornons-nous donc d'abord au temps présent, bornons-nous à notre siècle, où le monde s'acclame plus violemment que jamais contre l'Eglise, mais où l'Eglise donne au monde le spectacle de si beaux combats et de si magnifiques victoires; puis, dans l'empire de la vérité, choisissons seulement deux points : Rome qui est le centre et comme la capitale de l'empire, l'extrême Orient où il faut s'étendre et qui est une des limites à conquérir; le centre où le

prince qui gouverne maintient si fortement la vérité,
l'extrême Orient où le saint missionnaire dont nous
célébrons aujourd'hui le souvenir, a essayé d'étendre
son domaine. Je me tiens à ces deux points, mais tous
les deux me sont nécessaires et le dernier ne me suffirait
pas.

Rien ne se fait dans l'Eglise qui ne parte du centre
et qui n'y touche. Nos missions lointaines ne s'expliquent
que par la mission suprême et perpétuelle qui se prêche
à Rome. Et qu'importerait, je vous le demande, que nos
missionnaires et nos apôtres s'en allassent faire au loin
de nouvelles conquêtes, si l'ennemi s'installait au centre
et s'y rendait maître de la place !... D'ailleurs, le prix
de l'apôtre se mesure au prix de la vérité ; et comment
apprécier l'apôtre loin de nous, si nous ne savons pas
estimer la vérité chez nous ? Voyons donc d'abord comment, au milieu de nous, la vérité se maintient ferme et
assurée, puis nous admirerons mieux comment on va la
porter jusqu'aux extrémités du monde. Or, déjà je vous
l'ai dit, la vérité, pour se maintenir et pour s'étendre,
emploie principalement deux moyens : la parole et le
martyre. A Rome elle se maintient par la parole et par le
martyre. Jusqu'aux extrémités de la terre, elle s'étend
et se propage par la parole et par le martyre. Voilà tout
mon sujet.

J'ose espérer, Messeigneurs, que ce sujet aura votre
agrément. Plusieurs parmi vous ont suivi et suivent
encore les périlleux chemins où a marché l'évêque de
Capse. C'est de Rome que vous êtes partis, et vous savez
retourner à Rome chaque fois que vous sentez le besoin
de retremper vos forces..... Quant à vous, Monseigneur,
vous que l'Eglise du Mans est si heureuse de pouvoir
nommer en même temps et son enfant et son époux,
deux sentiments animent votre cœur d'évêque : celui

d'une piété filiale bien connue à l'égard de notre commun et bien-aimé Père Pie IX, et en même temps un dévouement paternel sans bornes pour le diocèse confié à vos soins. Eh bien ! mes premières louanges s'adresseront au grand Pontife qui gouverne aujourd'hui l'Eglise, et vraiment le nom de Pie IX rayonne sur elle avec une si prodigieuse splendeur que, pour ma part, je ne comprends ni gloire, ni fête où ce nom ne doive être prononcé le premier; puis je vous entretiendrai du saint missionnaire dont les travaux font tant d'honneur à votre diocèse et à cette cité. Ainsi je vous aurai parlé tour à tour et de votre glorieux père et de l'un de vos fils les plus illustres. Ne serai-je point allé, Monseigneur, au-devant de vos pensées les plus chères? Oui sans doute. Mais par cela même j'aurai donné aux miennes leur meilleure et leur plus sûre garantie. Invoquons d'abord Marie, la mère des apôtres et des martyrs : *Ave, Maria.*

Oui, mes frères, Jésus-Christ est roi, et son titre à la royauté, c'est la vérité qu'il enseigne et à laquelle il rend témoignage : *Rex sum ego, in hoc natus sum et ad hoc veni in mundum, ut testimonium perhibeam veritati.*

On dirait qu'il ne veut être roi que parce que cette vérité divine qu'il est venu apporter aux hommes va elle-même devenir la reine du monde. Et en effet, la vérité est reine : elle règne sur les intelligences, qu'elle éclaire tour à tour des deux flambeaux de la raison et de la foi; elle règne sur tous les cœurs, qu'elle unit par les liens d'une fraternelle charité; elle règne sur notre vie, qu'elle forme à la pratique de la vertu et du devoir; elle règne sur la famille, qu'elle seule a su créer en purifiant nos affections terrestres; elle règne sur toutes les sociétés humaines, parce que c'est elle qui dicte aux princes et aux peuples leurs devoirs et leurs droits; elle règne même sur nos intérêts matériels, qui sont l'objet constant de sa sollicitude et de ses soins ; elle règne enfin sur l'univers entier, parce que d'elle seule relèvent la dignité et le bonheur de l'homme.

Et cependant, contre cette vérité divine à laquelle j'appliquerais volontiers cette parole de la Sagesse : « Tous les biens nous viennent avec elle » (Sap., VII, 11) n'entendez-vous pas, mes frères, de l'Orient et de l'Occident s'élever un même cri farouche : « Nous ne voulons pas qu'elle règne sur nous : *Nolumus hunc regnare, super nos ?* (Luc, XIX, 4.)

Nous ne sommes ici ni au Tonkin ni en Chine, mais vraiment y a-t-il parmi nous moins de mépris, moins de haine, moins d'erreurs ? et les nations civilisées frémissent-elles moins que les contrées barbares contre la vérité catholique ?

Nos siècles modernes ont inventé un principe fatal qu'ils considèrent comme leur conquête, et dont ils font une sorte de royauté contre celle de Jésus-Christ et de l'Eglise : c'est la liberté de penser. Principe fatal, vous dis-je, et en même temps fécond ; car c'est lui qui enfante le mépris, la haine, les grossières erreurs, et je me permettrai de l'ajouter, cette tolérance coupable qui, de nos jours, menace trop souvent de conniver avec l'erreur.

Le mépris d'abord ; c'est le lot de la multitude : elle méprise au nom de la liberté de penser.... Je me demande parfois si elle pense. N'importe, elle méprise, et presque toujours elle ajoute au mépris la haine.

La liberté de penser déteste la vérité ; elle voudrait, dit-elle, l'étouffer dans la boue et dans le sang, et cette haine qu'elle professe hautement a parmi nous des milliers d'organes : elle a ses livres, ses théâtres, ses revues, ses journaux ; elle a ses assemblées et ses congrès. Nous lisions, il y a moins d'un mois, que, dans cette ville qui s'intitule fastueusement la Rome de la réforme et de la liberté, il se tenait un ridicule concile, sous la présidence d'un pontife plus ridicule encore. Là, au cri de : Vive la liberté ! répondait celui de : Mort à la papauté !... Grâce au ciel, la papauté n'est pas morte, et le concile n'a pas eu plus de trois jours de vie ; le pontife a pris la fuite, et la risée de l'Europe poursuivrait encore l'orateur de Genève, si une criminelle tentative que le cri de la conscience publique, plus encore peut-être que la politique, a déjouée....., je me trompe, semblait avoir déjouée, ne tenait de nouveau nos âmes dans l'émoi.

Mais la haine et le mépris s'accordent le plus souvent avec une ignorance grossière. Voici maintenant la science, voici les systèmes, les écoles. Celui-ci vient nous dire que la science ne peut décidément rien savoir ni sur Dieu, ni sur l'âme, et que, dès lors, il faut retrancher Dieu et l'âme du programme des connaissances humaines. Celui-là nous affirme, en son jargon philosophique, ce qu'il nomme l'identité des contraires, et il tient à nous prouver que le oui et le non sont une même chose. Puis se présente une troisième école, l'école critique, — bien nommée en vérité, car elle semble n'avoir d'autre but que de critiquer l'Eglise, nos saints livres et notre histoire. Celle-ci procède par des nuances infinies, elle décompose la vérité à peu près comme ce gros nuage qui se place entre le soleil et nous décompose la lumière de l'astre ; mais le nuage du moins nous laisse entrevoir pendant quelques instants un prisme radieux, tandis que l'école critique ne nous peint que des couleurs fausses qui s'évanouissent tout de suite dans le brouillard.

Pourquoi faut-il qu'après le mépris, la haine, l'erreur, je nomme encore cette tolérance coupable à laquelle se laissent entraîner aujourd'hui quelques esprits même chrétiens ?

Il appartenait à notre siècle d'ériger en axiome ce monstrueux paradoxe, qu'à l'égard de la liberté la vérité et l'erreur doivent se tenir au même rang; que ce n'est pas la vérité qui est reine, mais bien la liberté; que les intérêts de la liberté dominent ceux de la vérité; que protéger la vérité, c'est un crime de lèse-liberté; que la vérité est faite pour subir toutes les chances, toutes les luttes, tous les hasards de la liberté. — On l'a dit.... que si la vérité triomphe, tant mieux; que si elle succombe, rien n'est perdu, pourvu que la liberté soit sauve!..... Non, non, cela est faux et archifaux. L'homme est libre sans doute, et c'est là l'un de ses plus glorieux privilèges; mais il y a quelque chose qui domine dans l'homme l'usage de la liberté, c'est le droit de la vérité. Non, il n'est pas permis à l'homme de choisir l'erreur, de choisir le mal, de préférer à la morale chrétienne la morale indépendante. La vérité est reine, vous dis-je; elle a le droit de vous imposer ses doctrines, et votre devoir est de les accepter. Et si l'Eglise proclamait ou tolérait seulement sans se plaindre l'odieux principe du droit égal de la vérité et de l'erreur, elle abdiquerait..... Elle ne le fera pas, soyez-en sûrs.

Jésus-Christ, en mourant, a remis son sceptre à un homme qui se nommait Simon-Pierre. « Tu es Pierre, lui a-t-il dit, et sur cette pierre je fonderai mon Eglise, et les portes de l'enfer ne prévaudront point contre elle. » — « J'ai prié pour toi, afin que tu ne défailles pas; confirme tes frères dans la foi. » Pierre a reçu la parole en même temps que le sceptre; il les a transmis à ses successeurs, et ceux-ci, héritiers de la royauté de Jésus-Christ, occupent depuis dix-huit siècles le trône le plus élevé de l'univers, celui contre lequel se brisent toutes les erreurs du monde. Oh! si les successeurs de saint Pierre ont su se maintenir à la hauteur de leur noble mission, ne la voyons-nous pas s'accomplir, sous nos yeux, avec un incomparable éclat? et s'il a été donné à notre siècle de susciter contre l'Eglise des ennemis plus redoutables et plus nombreux, ne pouvons-nous pas remercier le Seigneur d'avoir fait asseoir en même temps sur le trône de la vérité un prince si grand et si invincible? Saluons-roi notre immortel Pie IX!...

Mais quels moyens choisira-t-il pour assurer, au sein de notre vieille Europe, l'empire de la vérité catholique? Deux moyens, vous ai-je dit : la parole et le martyre: la parole, qu'il a reçue de Dieu pour la transmettre aux hommes; le martyre, qui en est comme le cachet sanglant qui scelle et qui atteste la vérité. Pie IX parle et il souffre; c'est tout le secret de son gouvernement.

Il parle! oui, son trône est une chaire, et n'est-il pas lui-même le plus grand prédicateur, le plus ardent apôtre, le plus zélé missionnaire de son siècle? Il parle.

Ah! qu'ils sont beaux les pieds de celui qui sur les sept collines de la ville éternelle annonce et prêche la paix, annonce le bien, prêche le salut et dit à Sion : Ton Dieu régnera! *Quam pulchri super montes pedes annuntiantis et prædicantis salutem, dicentis Sion : Regnabit Deus tuus.* (Isaïe, LII, 7.)

Il parle : n'est-ce pas lui qui accomplit dans sa personne l'injonction faite à l'apôtre : Prêche la parole, redouble tes instances opportunes ou inopportunes, gronde, menace, prie : *prædica verbum, insta opportune, importune, argue, obsecra, increpa.* (II Tim., IV, 2.) Pie IX prêche, et quelles sont les erreurs de notre siècle qu'il n'ait pas vingt fois dénoncées, confondues, proscrites? Ses instances parfois ont pu paraître inopportunes, l'avenir prouvera leur opportunité; il ne nous épargne pas les menaces; fasse le ciel qu'elles ne s'accomplissent pas!..... Mais surtout il prie, il prie beaucoup! puissent ses prières être exaucées!

Toutefois, il fut un jour où, s'élevant plus haut que de coutume sur la chaire de son enseignement, il put dire avec le Roi-Prophète: Mon cœur s'est déchargé d'une bonne parole: *Eructavit cor meum verbum bonum* (Ps. XLIV, 2); ce fut le jour sacré entre tous, où aux applaudissements de l'Eglise universelle, il publiait son immortelle Lettre Encyclique. Là, médecin habile, il indiquait du doigt le mal et le remède. Là, Samaritain charitable, il versait à la fois le vin et l'huile, l'huile par pitié pour nos misères, le vin pour relever nos faiblesses..... Ah! franchement nous en avions besoin, nous allions nous laisser emporter par ce torrent quasi irrésistible qu'on appelle l'opinion de son temps. Maintenant nos croyances sont rassises, nos principes sont raffermis, plus de doutes, plus de subterfuges, plus d'ambages. Rome a parlé: la cause est finie! et aussi lorsqu'il y a trois mois cinq cents évêques accouraient des quatre vents du ciel pour s'agenouiller aux pieds du trône de Pie IX, — vous y étiez, Messeigneurs, et j'avais l'honneur d'y être avec vous, — tous ensemble, nous acclamions ce grand acte et nous l'acceptions, mais pas dans le sens de *celui-ci* ou de *celui-là*, mais dans le sens de Pie IX, parce que ce n'est pas seulement le vrai sens, mais le bon sens.

Pie IX parle, mais en même temps il souffre. Quelles tortures n'a-t-il pas endurées depuis le jour où pour la première fois il monta les marches du Vatican qui est devenu son calvaire? L'Eglise dont il est le chef, l'époux, le père, insultée, bafouée, pillée, saccagée! les droits et les principes dont il est le mainteneur, méprisés et foulés aux pieds; la foi chrétienne dont il est le gardien, livrée comme une proie à tous les insulteurs publics de la libre-pensée; autour de lui les temples dévastés, les évêques poussés en exil, les vierges chassées de leurs cloîtres... que dis-je? et, au moment où je parle, peut-être de nouveaux périls, de nouvelles terreurs et des angoisses nouvelles! — Ah! son trône n'est pas seulement une chaire, il est une croix! Eh bien! qu'il y monte, car de là il attirera tout à lui; et quand ceux qui l'auront dépouillé lui diront : Oses-tu encore t'appeler roi, *Ergo rex es tu?* il aura le droit de répondre : Oui je suis roi, car j'ai maintenu la vérité dans le monde par ma parole et par mon martyre.....

Encore une fois, mes frères, j'avais besoin de ce point de départ pour m'élancer maintenant avec vous sur les traces de notre saint missionnaire ; je serai désormais tout à lui.

Oh! comme il faut, mes frères, que la vérité soit reine, pour que, malgré les violentes attaques dont elle est l'objet, elle continue d'exercer sur nous son empire de civilisation, de lumière, de moralisation et de vertu! Savez-vous quel est, suivant moi, le chef-d'œuvre du Christianisme? C'est que ni les doctrines de Genève, ni le culte des solidaires, ni la morale indépendante, ne nous aient encore faits barbares, Tonkinois ou Chinois! Mais l'atmosphère chrétienne que nous respirons depuis tant de siècles, l'eau du baptême qui nous a lavés, les immortels principes que nous suçons avec le lait, et surtout la parole et le martyre de l'Eglise, résistent à ces influences hostiles : malgré elles, nous demeurons chrétiens; la vérité nous est acquise avec ses impérissables bienfaits.

Mais quittons maintenant ces terres heureuses que le soleil de la foi éclaire, et reportons-nous vers ces contrées barbares encore assises à l'ombre de la mort. C'est là que nous rencontrons l'homme radicalement isolé de la vérité chrétienne; et quel homme! nous le surprenons dans toute la nudité de sa nature et dans toute la honte de sa chute; c'est le Sauvage dont la férocité se repaît de chairs humaines et immole des victimes humaines à ses dieux; c'est le Musulman qui fait tache en Europe, tant son harem insulte à la sainteté de la famille et à la dignité de la femme; c'est le Bouddhiste dont la morale suprême est de passer de l'inaction au néant; c'est le Chinois qui, en se gorgeant d'opium, s'endort dans le sommeil profond de sa civilisation décrépite. Eh bien! c'est aussi cet homme ignorant, grossier, cruel et malheureux, hélas! que la vérité convoite comme sa conquête, et c'est vers lui qu'elle envoie incessamment ses missionnaires et ses apôtres. L'évêque de Capse a été en ces derniers temps l'un des plus valeureux athlètes de la vérité catholique.

Mais, avant de le suivre sur l'arène sanglante où il a combattu et où il est mort, n'est-il pas juste, mes frères, qu'en ces lieux où nous sommes, nous donnions un premier regard, nous adressions un premier hommage à son berceau? Ce berceau fut humble; oui, je le sais, mais qu'importe, puisque au-dessus de lui comme au-dessus de Bethléhem j'entends aujourd'hui les anges qui chantent : Gloire à Dieu au plus haut des cieux: *Gloria in excelsis Deo*. Unissons-nous aux concerts des anges.....

Ah! quand le héros meurt sur le champ de bataille, il n'est entouré que de trophées sanglants, et son corps demeure à l'ennemi; mais sa patrie du moins revendique et honore sa mémoire, et aux lieux où il est né elle a pour lui des hymnes et des arcs de triomphe.....

O heureuse ville de Château-du-Loir! soyez donc saintement orgueilleuse! j'aime que vos avenues et vos rues soient ornées de fleurs et de guirlandes. Un jour viendra, je l'espère, où ses dépouilles glorieuses orneront votre autel; mais déjà sa grande âme triomphante demeure au milieu de vous et prie pour vous. Avant qu'il vous soit permis de faire fumer l'encens sur sa tombe, donnez des fleurs à son berceau.

Toutefois est-ce seulement son berceau qui mérite aujourd'hui notre souvenir ? Mais non ! Qu'ils sont beaux, vous disais-je, les pieds de celui qui évangélise ! Partout où les pieds de celui-ci ont passé, nous avons le droit de baiser ses traces..... et c'est pour cela, Monseigneur, que cette fête n'est pas seulement la fête de cette cité, elle est celle de votre diocèse d'où il partit comme un géant pour fournir sa carrière, elle est celle de votre école de Précigné où il vint tout enfant se former à la piété et aux études ecclésiastiques, elle est celle de l'abbaye de Solesmes où, au jour de son diaconat, il reçut avec tant d'abondance l'Esprit qui fait les forts : *Accipe Spiritum sanctum ad robur.* Elle est celle de votre Grand-Séminaire où avec tant de zèle et d'habileté il dirigea vos jeunes lévites..... Me permettez-vous de l'ajouter, Monseigneur ? elle est aussi la fête de ma propre famille : oui, si je m'estime heureux d'être en ce moment l'interprète de votre illustre Eglise du Mans, souffrez que je sois en même temps l'organe des sentiments de tous les miens !.. c'est surtout au foyer domestique que l'homme se révèle tel qu'il est, et votre saint missionnaire s'est assis à notre foyer. Bonté, piété, douce gaieté, qualités aimables de l'esprit et du cœur, tout ce qui sert à inspirer à l'enfant le goût de l'étude et de la prière, voilà ce que nous avons aimé et admiré en lui; les lettres qu'il écrivit à son élève décorent nos modestes archives, et aujourd'hui qu'un diadème si brillant ceint son front, il n'est plus seulement un bon et doux souvenir, il est une gloire..... c'est alors que je l'ai moi-même personnellement connu, d'une taille élevée, un peu courbée, autant que je me le rappelle, avec une physionomie d'une mansuétude extrême. Ces hommes qui s'immolent ainsi à la suite de Jésus-Christ, ne doivent-ils pas participer tous de la nature de l'agneau? *Agnus occisus.*

Toutefois l'abbé Berneux ne demeura pas longtemps parmi nous, et après trois ans de professorat passés au Grand-Séminaire du Mans, au mois de juillet 1839, il quittait cette ville et devait pour toujours dire adieu à sa sœur et à sa mère. Il avait entendu cette parole de Dieu : Celui qui aime son père et sa mère plus que moi, n'est pas digne de moi (Matthieu, x, 37); il a voulu se montrer digne de Dieu, et Dieu l'en a récompensé; Sa sœur essuie ses larmes en contemplant aujourd'hui son triomphe; et sa mère, sa mère..... Ah! depuis longtemps ses pleurs sont séchés, et maintenant au ciel elle se réjouit parce que, en un second enfantement et comme en un second déchirement d'entrailles, elle a donné au ciel un martyr.

L'abbé Berneux, en quittant cette ville, se rendit immédiatement à Paris; il entra au séminaire des Missions étrangères, et bientôt il fut destiné aux missions de l'extrême Orient.

Notre siècle a vu depuis peu d'années commencer et se poursuivre ces lointaines expéditions qu'il a nommées de l'extrême Orient, et où le drapeau de la France s'est montré comme toujours glorieux et invincible. Vous le dirai-je, mes frères, j'approuve de toute mon âme ces guerrières entreprises, parce qu'elles peuvent être une aide puissante et une salutaire protection pour la parole de nos missionnaires. — Une aide, une protection, c'est de l'Encyclique toute pure, vous le savez..... Et vous savez aussi que je l'aime. — Oui, et c'était le vœu formel souvent exprimé par notre apôtre: Pourvu qu'un souffle chrétien enfle nos voiles et pousse nos vaisseaux, ces guerres peuvent devenir comme de nobles croisades en faveur de la vérité catholique...

Toutefois, l'Eglise n'avait pas attendu notre siècle pour inaugurer elle-même ces campagnes de l'extrême Orient : et sans remonter aux temps apostoliques dont le Roi-Prophète avait dit : *In omnem terram exivit sonus eorum, et in fines orbis terræ verba eorum* (Ps. XVIII, 5); sans compter les efforts sans nombre tentés par les souverains pontifes, pour porter l'Evangile jusqu'aux extrémités de là terre, nous pouvons dater du XVIIe siècle, de ce siècle qui vit s'épanouir toutes les gloires de la France, une impulsion nouvelle et plus ardente donnée à nos missions lointaines. A peu près vers le temps où nos plus illustres guerriers triomphaient sur tous les champs de bataille, il se formait à Paris une sainte et courageuse milice pour s'en aller combattre au loin les combats du Seigneur : ce fut le séminaire des Missions étrangères. Que de héros et que d'apôtres sont déjà sortis de cette milice ! Hélas! ils se succèdent dans ces pays barbares, avec une rapidité effrayante; ils partent, et ils n'ont que le temps d'y mourir..... L'abbé Berneux eut l'insigne honneur d'être placé, comme eux, au poste du péril ; il dut successivement évangéliser le Tonkin, la Mandchourie et la Corée, ces terres classiques du martyre, et que j'appellerais volontiers le *cap des tempêtes* qu'il faut enfin que l'Eglise double, si elle veut, sur ces terres lointaines, implanter son drapeau. Voyez cependant comme la vocation de notre saint missionnaire est vivace, lorsqu'il apprend qu'on le destine au Tonkin : « Je vais m'appliquer à devenir « Chinois, écrit-il; j'aurai sans doute beaucoup à faire, « mais dussé-je marcher la tête en bas et les pieds en « l'air, je suis déterminé à tout pour procurer la gloire « de Dieu. » Effectivement rien ne l'arrête; et après une longue et orageuse traversée, il touche au but de sa mission.

Je vous ai dit, mes frères, que la vérité, pour s'étendre comme pour se maintenir, employait deux moyens : la parole et le martyre; mais d'ordinaire c'est l'apostolat de la parole qui commence, le martyre qui suit et qui consomme. Il fut donné à l'abbé Berneux de commencer par le martyre. A peine a-t-il mis le pied sur le sol du Tonkin, qu'il tombe aux mains des ennemis de la foi; il va souffrir d'horribles tortures, et des premières gouttes de son sang il écrit une lettre qui n'est que le récit de son martyre, mais que je ne crains pas de nommer l'une des plus belles pages de l'histoire moderne de l'Eglise.

Je ne vous lirai pas cette lettre, elle est trop longue; car ses souffrances ont été longues, mais moi-même en la lisant j'étais saisi d'une réflexion que vous me permettrez de vous communiquer. On parle aujourd'hui beaucoup de progrès, on dit : Le monde marche à grands pas dans les voies du progrès, et l'Eglise demeuré stationnaire! La vérité, mes frères, est que le monde et l'Eglise demeurent ce qu'ils sont. Non, le monde ne change pas. A la fin du dernier siècle, alors que s'inaugurait cette ère fameuse de liberté, de lumière et de progrès, on dressait des échafauds sur toutes nos places publiques, et on y faisait monter les apôtres de la vérité; cette année encore, un prince catholique tombait sous l'odieuse balle d'un assassin progressiste; et au Tonkin on traite nos missionnaires comme Néron traitait les apôtres; non, le monde ne change pas! Mais l'Eglise ne change pas non plus, car elle demeure à son niveau sublime; et les héros de notre âge valent les martyrs des premiers siècles! Écoutez plutôt et contemplez maintenant notre saint missionnaire.

Encore sur l'Océan, et lorsqu'il arrive en vue du Tonkin, on lui apprend qu'une barque chinoise vient le chercher pour l'amener au rivage. « Bon, dit-il, nous entrerons,

« mais une fois entrés, où nous blottirons-nous?.... N'im-
« porte, Mihn-Mehn m'ouvrira ses prisons, et Dieu, je
« l'espère, dans sa miséricorde, m'ouvrira le ciel, je suis
« heureux d'arriver au terme..... » N'est-ce pas le cri de
l'apôtre saint André : « O bonne croix, ô croix que j'ai
aimée, que j'ai désirée, quand donc me prendrez-vous
aux hommes pour m'unir à mon maître? » L'abbé Berneux
ne demandait qu'une prison, elle lui est en effet ou-
verte; mais bientôt elle ne suffit plus. « On l'installe sui-
« vant sa propre expression, dans une cage où ses
« longues jambes avaient peine à se loger. » On charge
son cou d'une cangue, ses pieds et ses mains d'une
lourde chaîne; lui-même il rive ses chaînes et il les
baise; un mandarin qui assistait à ce spectacle, dit-il,
s'en amusait beaucoup.... Mais les fers n'enchaînent pas
sa parole, et de cette cage, comme d'une chaire élo-
quente, le voici qui parle de Dieu, de l'âme, du juge-
ment, de l'enfer, du ciel! Le mandarin, qui tout à
l'heure s'amusait, se met maintenant à rire..... On rit
aussi chez nous..... « Prends garde, lui dit le missionnaire, le temps viendra pour toi de ne pas
rire. »

Suit un long questionnaire où les réponses rappellent
les actes des martyrs.

Cependant ce n'est point au lieu où on l'a saisi, qu'il
doit être définitivement jugé; c'est à la ville royale, c'est
à Hué. La cage, qui est devenue l'étroite prison du
martyr, est placée sur les épaules de douze Annamites;
les saints missionnaires compagnons de ses souffrances,
enfermés comme lui dans des cages, sont également
transportés, et c'est en ce cruel équipage qu'après un
trajet de dix-neuf jours, à travers les précipices, les
rochers et les torrents, au milieu des insultes d'une
populace effrénée, mais aussi, disons-le, au milieu des

cris d'admiration, des applaudissements et des larmes des chrétiens, qu'ils arrivent à la ville royale.

Là ils comparaissent devant le juge. Avant toute forme de procès on veut les obliger à fouler la croix sous leurs pieds. L'abbé Berneux cherche à saisir la croix et à la baiser. « Quand il s'agira de mourir, dit-il, je présenterai moi-même ma tête aux soldats; mais pour apostasier, jamais ! »

Alors commence l'interrogatoire. « Qu'est-ce que Dieu? — Dieu est un Esprit infini et tout-puissant. — Si ton Dieu est tout-puissant, que ne te délivre-t-il de tes chaînes? » Toujours la même parole : Si tu es le Fils de Dieu, descends de la croix et nous t'adorerons. (Matthieu, XXVII, 40.) « Mais que t'enseigne ta religion? — A fuir le vice et à pratiquer la vertu. — A pratiquer la vertu! » s'écrie un mandarin, et il passe à un autre sujet. « Nous t'entendrons un autre jour sur cet article, » disait-on également à saint Paul (Act.,XVII, 32)... Mais toujours comme au temps des martyrs, après les paroles, les coups : *Post verba verbera*, et le rotin fait voler en éclats la chair sanglante de nos missionnaires..... Oh! je vous l'ai dit, et je vous le répète, rien n'est changé; le rotin du mandarin stupide vaut les verges des licteurs, les gens du roi de Tonkin valent nos hommes des échafauds et des pontons, et cette croix qu'on veut que nous foulions sous nos pieds, cette croix qui est toujours le scandale des juifs et la folie des gentils, c'est celle que le chrétien adore, qu'il baise et sur laquelle il meurt!...

Tout meurtri de coups, on jette notre martyr dans un cachot infect, où il demeurera de longs mois, et là que fait-il?.... il compose un cantique et quel cantique? je vous en dirai le refrain :

> Vive la joie toujours,
> Vive la joie quand même.

Cela vous étonne : pourquoi? *Ibant gaudentes à conspectu concilii, quoniam digni habiti sunt pro nomine Jesu contumeliam pati :* Les apôtres s'en allaient joyeux au sortir des tribunaux, parce qu'ils avaient été trouvés dignes de souffrir l'insulte pour le nom de Jésus.

> Vive la joie toujours,
> Vive la joie quand même.

N'est-ce pas l'*Alleluia* que l'Église chante à la fête des martyrs?

Toutefois Dieu voulait que ce premier martyre de l'abbé Berneux fût la force de son apostolat et non son terme. Une corvette française qui naviguait dans ces parages réclama nos missionnaires; le roi du Tonkin, plus brave devant nos martyrs que devant nos soldats, s'empresse d'acquiescer aux désirs du commandant français; et après dix-huit mois de martyre, l'abbé Berneux est contraint de quitter sa chère mission du Tonkin. Malgré lui, dites-vous; oui, malgré lui, et il le prouve. On exige qu'il retourne en France, qu'il revoie sa patrie, sa famille, sa mère, ses amis!!! Non, non, cela, il ne le fera pas..... O sainte passion de la croix ! quand vous vous êtes emparée d'une âme, vous excitez vraiment en elle d'inextinguibles ardeurs; notre faim s'apaise aux tables des festins, notre soif s'étanche au bord des coupes; mais il y a une faim qui ne s'apaise jamais, une soif qui ne s'étanche pas : c'est la faim et la soif du martyre..... — Que me parlez-vous de ma mère, de ma patrie, de ma famille, de ceux que j'ai aimés? le martyre, et rien que le martyre!!! Après des pourparlers sans nombre, on transige; il ne retournera pas au Tonkin, mais il lui sera permis de rentrer à Macao. — Eh bien! va pour Macao, car Macao c'est la tête de ligne de toutes les grandes voies du martyre.

Effectivement, après deux mois de repos et sur l'ordre de ses supérieurs, il s'embarqua pour la Mandchourie.

C'est là que pendant onze années, toujours caché cependant, mais aussi toujours présent au milieu de sa chère chrétienté, il put en un calme relatif exercer l'apostolat de la parole; les lettres qu'il écrivit alors renferment les plus touchants détails, soit sur son ministère, soit sur les fidèles confiés à ses soins. Oh! que cette pauvre Eglise de la Mandchourie nous fait honte! Quelle ardeur pour la prière lorsque nous sommes si froids! quel saint amour de la souffrance lorsque nous aimons tant nos aises! quel empressement pour assister aux saints offices et s'agenouiller aux pieds du prêtre, quand nos temples sont si déserts, et nos confessionnaux si vides! mais aussi que de fruits précieux, et quelle abondante récolte! que de petits enfants baptisés qui chantent aujourd'hui la gloire de leur apôtre, que de pauvres âmes pécheresses ramenées au bercail! Suivez ce saint pasteur, s'échappant avant l'aube de sa hutte de berger, et s'en allant au-devant de ses brebis, « courant, nous dit-il lui-même, d'une extrémité à l'autre de sa mission, par le froid, la chaleur, la neige, la pluie, faisant jusqu'à quatre-vingts lieues pour administrer un malade, confessant le jour, priant la nuit, » instruisant celui-ci, consolant celui-là, faisant briller à tous les yeux le flambeau de la foi chrétienne, accomplissant en un mot son œuvre, celle de reculer dans ces pays les limites de l'empire de la vérité.

Tant de travaux, et tant de triomphes devaient fixer sur lui l'attention de la Propagande. Pie IX régnait alors; et si nous avons vu ce grand pape maintenir énergiquement la vérité au sein de notre vieille Europe, n'oublions pas que son zèle sait l'étendre jusqu'aux extrémités de la terre. L'une des gloires de son Pontificat sera sans aucun doute le prodigieux élan qu'il a su donner aux missions. Peu de Pontifes auront institué dans les pays hérétiques et barbares plus de siéges épiscopaux, plus de vicariats apostoliques. Le dernier vicaire apostolique de Corée venait de mourir, il avait fait son testament. Hélas! il ne pouvait laisser à son Église de grandes richesses, et cependant il lui léguait un inappréciable trésor, il désignait l'abbé Berneux comme son coadjuteur et comme son futur successeur. Pie IX accepta le testament; et bien que déjà il eût nommé l'abbé Berneux coadjuteur de Mandchourie, au mois d'août 1854, il le créait évêque de Capse et vicaire apostolique de Corée.

« La Corée, écrivait-il alors, c'est la terre par excellence des martyrs : la Corée, son nom seul fait vibrer toutes les fibres du cœur des missionnaires! Comment refuser d'y entrer quand les portes vous en sont ouvertes? » Eh bien! c'est la Corée qui, en effet, va lui être donnée pour épouse! Elle se présente à lui non avec la tunique blanche des fiancées, mais vêtue d'une robe rouge qu'empourpre le sang des martyrs! N'importe, c'est elle qu'il a aimée, c'est elle qu'il a embrassée, et c'est pour elle qu'il va mourir.

L'Église de Corée avait été baptisée dans le sang et elle grandissait dans le sang. L'un des trois prédécesseurs de l'évêque de Capse était mort martyr, les deux autres avaient succombé sous le poids de la fatigue. Néanmoins les premières années de son épiscopat furent paisibles; ses lettres de cette époque abondent en récits admirables touchant ces pauvres Coréens. Quelle foi, quel zèle, quelle énergie! Il voudrait, dit-il, nous faire aimer sa chère Corée! Je n'affirmerai pas qu'il ait réussi!...

Une première persécution vint, il est vrai, disperser son troupeau; et lui qui si volontiers fût mort pour ses brebis, il eut la douleur de les voir mourir, sous ses yeux, de faim et de misère; mais lui-même ne fut pas victime, et il put quelque temps encore continuer les œuvres de son apostolat, former un clergé indigène, réunir une sorte de synode, accroître enfin le nombre des chrétiens. « Si nous sortions de nos catacombes, écrivait-il alors, et si le gouvernement révoquait ses édits de proscription, combien de milliers de conversions n'aurions-nous pas à enregistrer! mais puisqu'il ne plaît pas au Seigneur de nous donner la paix, vive la guerre et vive la misère! » Vous le voyez, c'est toujours le même homme :

> Vive la joie toujours,
> Vive la joie quand même.

« *Hilarem datorem diligit Deus* : Dieu aime celui qui se donne avec joie. » Et il allait se donner lui-même, car le moment du sacrifice suprême approchait. Sa santé déclinait peu à peu, ses cheveux et sa barbe avaient blanchi, il ne lui restait que la vie pour mourir martyr!...

Une circonstance qui semble étrangère à son apostolat l'obligea momentanément à s'éloigner des missions de la campagne pour rentrer dans la ville capitale. C'est là que le prince régent de Corée, ennemi implacable des chrétiens, attendait sa proie; il la guette, il la flaire, et il bondit sur elle.

Rien ne devait manquer à la passion de ce grand disciple de Jésus-Christ, pas même la trahison de Judas. Il fut trahi par un serviteur coréen. Arraché de sa cachette, saisi, lié, garrotté, il est traduit devant le tribunal du prince.

Cette fois l'interrogatoire fut très-court. Après les questions d'usage sur le nom, la profession, la patrie : « Apostasiez, lui dit-on. — Non pas certes, répondit-il, je suis venu pour sauver vos âmes, je ne commettrai pas ce grand crime. »

La sentence fut bien vite prononcée et l'exécution ne

3**

larda pas. Mais ici encore que d'horribles supplices précédèrent son trépas! Ces gens qui ne croient pas à l'âme, aiment beaucoup à torturer les corps, et ils ne se pressent pas de les faire mourir, tant ils ont peur que la mort soit un repos!...

Quand les tortures furent épuisées, huit bourreaux armés d'une hache se mirent à danser autour de la victime une danse sauvage; ils poussaient des cris barbares, et se faisaient un jeu des coups qu'ils portaient au martyr. Au troisième coup sa tête héroïque tomba.....

Elle tomba, mais en mourant ce hardi pionnier avait planté sur le chemin de la conquête un jalon sanglant que ses compagnons reculeront un jour... Mon Dieu! quand ces terres avides auront-elles assez bu le sang de nos martyrs? Ce sang est la semence des chrétiens, mais Dieu seul sait mesurer la rosée à nos campagnes, le sang de nos martyrs aux nations..... N'importe, voici encore quelques gouttes de sang précieux, et c'est un sillon de plus qui se féconde dans le champ. Courage donc, apôtres de Jésus-Christ; marchez, courez, volez, et que vos neveux, vos petits-neveux vous suivent. Le temps ne fait rien à l'affaire, car le temps n'est rien pour Dieu, mais il faut que cette terre soit conquise..... que dis-je? il faut que l'univers entier soit chrétien, il faut que partout les ténèbres se dissipent, il faut que la charité enflamme tous les cœurs, il faut que les mœurs se civilisent, il faut que la vérité triomphe..... Elle triomphera, n'en doutez pas, le monde sera chrétien, et alors..... Ah! c'est alors que Jésus-Christ pourra dire aux hommes : Vous voyez bien que je suis roi : *Rex sum ego.* J'étais venu apporter la vérité au monde; j'ai conquis le monde à la vérité et j'y règne... j'ai conquis le monde par la parole et par le martyre.

A la fin du déjeuner, offert par le vénérable doyen à Nosseigneurs les Evêques et à un grand nombre de dignitaires ecclésiastiques et civils, deux épisodes ont produit encore une douce émotion. Monseigneur l'évêque du Mans, avec le gracieux à-propos et la touchante bonté qui le distinguent, a annoncé à l'honorable assemblée qu'il nommait chanoine honoraire de son Église M. l'abbé GOBIL, curé-doyen de Château-du-Loir. Monseigneur de Laval s'est levé ensuite, et demandant gracieusement à faire acte de juridiction dans un diocèse étranger, il a lui-même nommé chanoine de son église cathédrale M. l'abbé NOUARD, curé-doyen de Couptrain. C'est en grande partie au zèle actif et généreux du premier de ces honorables ecclésiastiques, qu'étaient dus l'éclat et la pompe déployés dans cette mémorable journée. Le second, chacun le sait, fut le premier maître de Mgr Berneux, et c'est au soin qu'il a pris de conserver religieusement ses lettres que nous devons le bonheur d'avoir pu pénétrer plus profondément dans l'intimité d'une vie si pleine de noble et généreux dévouement. Après les accents d'une approbation générale, Mgr Charbonnaux, vicaire apostolique du Mayssour, rappela par quelques paroles profondément touchantes l'utilité et la grandeur de l'apostolat des missionnaires.

A quatre heures de l'après-midi, malgré la pluie menaçante, la procession sortit de l'église au son de toutes les cloches et au bruit des fanfares de la musique municipale. Les rues étaient élégamment décorées, et si le mauvais temps avait contrarié l'art et l'agencement des ornements, il n'avait pourtant point découragé le zèle des artistes. Des tentures et des banderoles, chargées de gracieuses inscriptions, ornaient les habitations particulières ; des arcs de triomphe, élevés en divers endroits du parcours, portaient les armes de la ville, celles du souverain Pontife, de l'évêque-martyr, de Mgr Fillion, et des inscriptions qui rappelaient la mort héroïque du courageux apôtre.

Le cortége parcourut successivement les rues Saint-Guingalois, Marchande, Impériale, du Cimetière, Saint-Martin : c'est en cet endroit que l'on voit encore l'humble maison où naquit Mgr Berneux ; l'inscription suivante la signalait aux yeux des fidèles : *Implebo domum istam gloriâ, dicit Dominus : Je remplirai de gloire cette maison, dit le Seigneur.* Non loin de là, sur la place des Religieuses, une immense estrade, ornée des armes de l'illustre évêque de Capse, placées au-dessus de cette inscription en larges lettres d'or : LUMEN AD REVELATIONEM, avait été élevée pour Nosseigneurs les Evêques. Tous les prélats vinrent s'y ranger successivement, et c'est de là que tous ensemble donnèrent une solennelle bénédiction à la foule immense échelonnée et à genoux sur l'étendue de la vaste place. Ce fut un moment de sublime émotion pour toute cette multitude de fidèles, et l'on eût pu facilement apercevoir bien des yeux mouillés de douces larmes. En vérité, notre sainte foi catholique possède seule le secret de donner au cœur des joies si suaves et si fortes tout ensemble. Ces mains saintes des pontifes du Seigneur, de ces vieillards blanchis dans les rudes travaux de l'apostolat, levées en même temps pour verser sur toutes ces âmes chrétiennes les grâces et les bénédictions du Très-Haut, dont ces hommes vénérables sont ici-bas les dignes ministres ! Est-ce que cela n'est pas de nature à émouvoir le cœur le plus endurci ?

La procession rentra ensuite à l'église par les rues de l'Ire, de Saint-Prix, et la place Nationale.

Ce fut alors que l'on put admirer dans toute sa splendeur l'effet de l'élégante et gracieuse décoration de l'église : toutes les parties du temple sacré avaient reçu une ornementation particulière; rien n'était oublié, mais rien n'était confus. Aux quatre piliers intérieurs de la croisée, on lisait sur des bannières fixes : BONUS PASTOR ANIMAM SUAM DAT PRO OVIBUS SUIS. (Jean, x, 11).

— ERITIS MIHI TESTES USQUE AD ULTIMUM TERRÆ.
(Act. I, 8). Puis, ces paroles du saint martyr lui-
même dans son dernier interrogatoire : JE SUIS
TOUT DISPOSÉ A DONNER MA VIE EN TÉMOIGNAGE DE
LA RELIGION QUE J'AI PRÊCHÉE.

— APOSTASIEZ. — NON, CERTES, ÉTANT VENU
POUR SAUVER VOS AMES, JE NE PUIS ME RENDRE COU-
PABLE DE CE CRIME.

Au-dessus de la porte d'entrée, on lisait, dans
un immense cartouche :

HÉLAS ! MON DIEU, QUE CES PAUVRES INFIDÈLES
SONT A PLAINDRE ! DISAIT LE MARTYR, EN ALLANT AU
SUPPLICE.

Deux larges écussons portant l'un les armes
du Saint-Père, et l'autre celles de l'évêque martyr, se détachaient vivement sur un fond d'her-
mine. Voici l'écu des armes de l'illustre évêque de
Capse qui avaient été placées également au fron-
ton de l'estrade des évêques, sur la place des
Religieuses : *d'argent au dromadaire couché au
naturel, accompagné à senestre d'une étoile des
Mages de gueules. Le chef d'azur avec le mono-
gramme M E d'or lié d'une croix de même.* Ces
armoiries trouvent leur explication dans ces paroles de la sainte Ecriture : *Dromedarii Madian
et Epha : omnes de Saba venient* (Isaïe, LX, 6).
D'innombrables palmes vertes entrelacées rappelaient la gloire du martyr ; les écussons du

vieux prieuré de Saint-Martin et celui de l'ancienne paroisse de Saint-Guingalois semblaient ramener la gloire des siècles écoulés pour l'unir au triomphe non moins glorieux du siècle présent ; une splendide illumination donnait un particulier éclat aux mille fleurs d'or mêlées aux bougies des lustres. Tout cet ensemble ravissant accusait un véritable et rare talent de décoration.

Aussitôt après la rentrée de la procession, Monseigneur l'Évêque du Mans monta en chaire. Le cœur du bien-aimé Prélat avait le besoin d'épancher la reconnaissance qui le remplissait à la fin d'une si sainte journée. Sa Grandeur commença par adresser des remercîments à l'éloquent et illustre orateur du matin, Mgr de la Bouillerie, dont les nobles accents vibraient encore comme un écho gracieux et fidèle dans toutes les âmes, et qui avait si bien fait comprendre que l'Église de Dieu sait en nos jours comme par le passé affirmer et soutenir la vérité par la parole et par le martyre : à Rome, dans la personne du Pontife magnanime, non moins remarquable par la fermeté de sa parole que par la constance de ses souffrances ; dans les missions, par la parole évangélique et le martyre des apôtres.

Puis, Mgr Fillion remercia l'illustre Métropolitain dont la parole ferme sait elle aussi affir-

mer cette vérité divine avec autant de courage
que d'autorité, en présence des grands et des
petits, ce digne héritier du siége de saint Martin,
héritier aussi de son affection pour les évêques
du Mans ; ensuite ces Pères vénérables des
églises voisines de celle du Mans, heureux de
s'associer au triomphe glorieux de l'un de ses enfants ; ces autres prélats venus des diverses contrées de l'Orient et de l'Occident et jusque du fond
des forêts du Nouveau-Monde ; ce savant Abbé,
restaurateur en France de l'ordre bénédictin qui
a donné lui aussi tant de martyrs à l'Église ; le
pasteur vénéré de cette paroisse, qui avait su par
sa parole et son exemple exciter et diriger pru-
demment la touchante manifestation de tout un
peuple ; cette couronne nombreuse de vénérables
prêtres, combattant encore dans l'arène de la terre,
venus pour implorer celui de leurs frères qui est
entré déjà dans l'Église triomphante ; enfin ces
fidèles de l'antique cité de Château-du-Loir, dont
le zèle si digne de louanges a prouvé hautement
qu'ils avaient bien compris toute la gloire et
les immenses faveurs dont le Ciel les avait com-
blés en faisant naître au milieu d'eux le saint
martyr dont ils avaient le droit de se glorifier.
« Oui, Mgr Berneux, a dit en finissant le vénérable orateur, Mgr Berneux aimait sa ville na-
tale! Dans la dernière lettre qui a précédé de

quelque temps son martyre, il rappelle encore son cher Château-du-Loir. Il prie pour ses compatriotes. Il prie surtout pour sa chère sœur et tous les membres bien-aimés de sa famille. Maintenant qu'il est au ciel, puissant auprès de Dieu, pourrait-il ne pas les distinguer dans ses faveurs et dans sa protection? »

Après les paroles si gracieuses du Prélat, le chœur des chanteurs, qui le matin avaient si parfaitement exécuté la messe de Weber, entonna le charmant *Ave Maria* de Mairel, puis le *Tantum ergo* de Pearsall. La bénédiction du très-saint Sacrement, donnée par Mgr Charbonnaux, termina cette émouvante série de cérémonies saintes.

En vérité, tout homme, témoin de cette imposante cérémonie, fût-il même incroyant ou seulement indifférent, aura dû se sentir l'âme profondément remuée par cette affirmation solennelle de notre foi catholique, de son unité et de son universalité; nul doute alors qu'il ne se soit reporté par la pensée à ces jours bénis de son enfance, où lui aussi avait le bonheur de croire, d'aimer et d'espérer. Aussi est-il bon pour tous de prendre part à ces belles fêtes religieuses qui ramènent souvent à Dieu des âmes endurcies dans le péché, et qui toujours raffermissent la foi dans les cœurs chrétiens, l'éclairent par de sublimes enseignements et réconfortent notre courage ébranlé par les défaillances du siècle.

Si les fêtes passagères de la terre sont parfois si suaves et si belles, que doivent donc être les fêtes éternelles du Paradis?

FIN.

TABLE

Le Mans — Typ. Ed. Monnoyer. — Nov. 1867.

ERRATUM:

A la page 19, ligne 18e, la phrase inintelligible qui se trouve en cet endroit, doit être ainsi rétablie : « Mais Dieu soutenait son serviteur, lui donnant la force de tout supporter, lui envoyant parfois des consolations, comme jadis au prophète Élie. C'étaient de pauvres chrétiens bien dévoués qui venaient le visiter et alléger un peu ses souffrances... »